Rédacteur
Eric Migliaccio

Directrice de la rédaction
Ina Massler Levin, M.A.

Illustrations
Vicki Frazier

Illustration de la couverture
Barb Lorseyedi

Coordination artistique
Kevin Barnes

Direction artistique
CJae Froshay

Imagerie
Rosa C. See

Éditrice
Mary D. Smith, M.S. Ed.

Auteure
Maria Elvira Gallardo, M.A.

ISBN 0-439-94114-8
Copyright © Teacher Created Resources, Inc., 2005.
Copyright © Éditions Scholastic, 2006, pour le texte français. Tous droits réservés.
Titre original : December Daily Journal Writing Prompts

Édition publiée par les Éditions Scholastic, 604, rue King Ouest, Toronto (Ontario) M5V 1E1, avec la permission de Teacher Created Resources, Inc.

5 4 3 2 1   Imprimé aux États-Unis   06 07 08 09

**L'éditeur permet la reproduction de ces pages d'activités pour utilisation en classe seulement.
Pour tout autre usage, la permission de l'éditeur est requise.**

Table des matières

Introduction...3
Calendrier du mois déjà rempli.................................4-5
Calendrier du mois en blanc....................................6-7
Sujet 1 : Ce que je préfère en décembre, c'est............8
Sujet 2 : Mon anniversaire le plus réussi a été............9
Sujet 3 : Si j'étais invisible, je....................................10
Sujet 4 : Je ressens de la jalousie quand..................11
Sujet 5 : Si je pouvais voler.......................................12
Sujet 6 : Quand j'ai du mal à dormir, je.....................13
Sujet 7 : À l'école, mon pupitre.................................14
Sujet 8 : Maintenant que l'hiver est arrivé.................15
Sujet 9 : Avant d'aller me coucher, je........................16
Sujet 10 : Au déjeuner, j'aime manger......................17
Sujet 11 : J'aimerais parler au directeur (ou à la directrice) de l'école au sujet de.........18
Sujet 12 : Si je voyais un OVNI.................................19
Sujet 13 : La pire chose que j'ai faite, c'était............20
Sujet 14 : J'aimerais beaucoup rencontrer...............21
Sujet 15 : Quand il y a de la neige............................22
Sujet 16 : Mon histoire préférée, c'est......................23
Sujet 17 : Hier, j'ai..24
Sujet 18 : Ma famille a une tradition dans le temps des fêtes; c'est..............25
Sujet 19 : Avant la nouvelle année, je veux..............26
Sujet 20 : Mon enseignant(e) préféré(e), c'est.........27
Sujet 21 : Si j'étais mes parents pour une journée...28
Sujet 22 : La plupart des gens aiment Noël parce que.....29
Sujet 23 : J'ai appris que Hanoukka, c'est................30
Sujet 24 : Un jour, alors que je jouais avec mes amis.....31
Sujet 25 : Le père Noël est.......................................32
Sujet 26 : Si j'avais 14 frères et sœurs....................33
Sujet 27 : Je ne pouvais pas m'arrêter de rire quand....34
Sujet 28 : Si je pouvais être quelqu'un d'autre, je serais....35
Sujet 29 : Kwanzaa, c'est..36
Sujet 30 : Mon souhait pour la nouvelle année, c'est....37
Sujet 31 : Un cadeau que je désire vraiment, c'est...38
Sujet 32 : L'hiver est une saison merveilleuse parce que....39
Banque de mots – l'école...40
Banque de mots – les fêtes......................................41
Banque de mots – la saison.....................................42
Ma banque de mots..43
Anniversaires en décembre......................................44
Activités à faire en décembre...................................45
Événements marquants en décembre......................46
Couverture du journal de l'élève...............................47
Idées de reliure..48

Décembre – J'écris tous les jours © Éditions Scholastic

Introduction

Plus que jamais, il est important que les élèves pratiquent l'écriture sur une base régulière. Les enseignants savent bien que, pour susciter l'enthousiasme des élèves en ce qui concerne les travaux écrits, il faut leur présenter des sujets intéressants et amusants à traiter. Le cahier *J'écris tous les jours* de décembre offre aux enseignants de la deuxième à la quatrième année des thèmes tout prêts pour le journal d'un mois entier, notamment sur les fêtes et activités spéciales au mois de décembre. Tous les thèmes du journal figurent sur un calendrier qui peut être reproduit facilement à l'intention des élèves. Ceux-ci seront en mesure de personnaliser leur journal, grâce à sa couverture spéciale.

Autres pages utiles, à inclure pour s'amuser :

✢ Calendrier en blanc (pages 6 et 7)
Ces pages peuvent servir à répondre aux besoins spécifiques de votre classe, et aussi se révéler pratiques pour les thèmes de devoirs écrits à faire à la maison. Vous souhaiterez peut-être que vos élèves fassent leurs propres suggestions pour le mois.

✢ Banques de mots (pages 40-43)
Ces pages contiennent des mots de vocabulaire employés habituellement à propos de l'école, des fêtes et des activités propres à la saison. Une banque en blanc permet aux élèves d'inscrire d'autres mots qu'ils ont appris au cours du mois.

✢ Anniversaires en décembre (page 44)
Les élèves peuvent y inscrire les anniversaires célébrés durant ce mois.

✢ Activités à faire en décembre (page 45)
Sur cette page figure une liste des activités propres à la période de l'année dont il s'agit. Les élèves peuvent y décrire l'activité qu'ils ont le plus aimé faire au cours de cette période.

✢ Événements marquants en décembre (page 46)
Cette page attisera la curiosité des élèves en ce qui a trait notamment aux découvertes et inventions. Idéale pour les cours de sciences et d'histoire.

Donnez à vos élèves le goût de l'écriture en reproduisant les pages de ce cahier et en leur faisant confectionner un journal individuel. Utilisez tous les thèmes du journal, ou choisissez ceux qui vous plaisent. Reportez-vous à la page 48 (*Idées de reliure*) pour voir comment assembler les pages. Planifier un mois d'écriture, c'est facile!

Calendrier du mois déjà rempli

DÉCE

1	2	3	4
Ce que je préfère en décembre, c'est…	Mon anniversaire le plus réussi a été…	Si j'étais invisible, je…	Je ressens de la jalousie quand…

9	10	11	12
Avant d'aller me coucher, je…	Au déjeuner, j'aime manger…	J'aimerais parler au directeur (ou à la directrice) de l'école au sujet de…	Si je voyais un OVNI…

17	18	19	20
Hier, j'ai…	Ma famille a une tradition dans le temps des fêtes; c'est…	Avant la nouvelle année, je veux…	Mon enseignant(e) préféré(e), c'est…

25	26	27	28
Le père Noël est…	Si j'avais 14 frères et sœurs…	Je ne pouvais pas m'arrêter de rire quand…	Si je pouvais être quelqu'un d'autre, je serais…

Calendrier du mois déjà rempli *(suite)*

M B R E

5	6	7	8
Si je pouvais voler…	Quand j'ai du mal à dormir, je…	À l'école, mon pupitre…	Maintenant que l'hiver est arrivé…
13	**14**	**15**	**16**
La pire chose que j'ai faite, c'était…	J'aimerais beaucoup rencontrer…	Quand il y a de la neige…	Mon histoire préférée, c'est…
21	**22**	**23**	**24**
Si j'étais mes parents pour une journée…	La plupart des gens aiment Noël parce que…	J'ai appris que Hanoukka, c'est…	Un jour, alors que je jouais avec mes amis…
29	**30**	**31**	**Sujet spécial**
Kwanzaa, c'est…	Mon souhait pour la nouvelle année, c'est…	Un cadeau que je désire vraiment, c'est…	**L'hiver** L'hiver est une saison merveilleuse parce que…

© Éditions Scholastic — Décembre – J'écris tous les jours

Décembre – J'écris tous les jours

Calendrier du mois en blanc

D	É	C	E
1	2	3	4
9	10	11	12
17	18	19	20
25	26	27	28

Décembre – J'écris tous les jours

Calendrier du mois en blanc (suite)

M	B	R	E
5	6	7	8
13	14	15	16
21	22	23	24
29	30	31	Sujets au choix

© Éditions Scholastic — Décembre – J'écris tous les jours

Ce que je préfère en décembre, c'est _____

Mon anniversaire le plus réussi a été _____

Décembre – J'écris tous les jours

Si j'étais invisible, je _____

Je ressens de la jalousie quand _____

Décembre – J'écris tous les jours

Si je pouvais voler

Décembre – J'écris tous les jours

Quand j'ai du mal à dormir, je _____

À l'école, mon pupitre

Maintenant que l'hiver est arrivé _____

Avant d'aller me coucher, je _____

Au déjeuner, j'aime manger _____

J'aimerais parler au directeur (ou à la directrice) de l'école au sujet de _____

Décembre – J'écris tous les jours

Si je voyais un OVNI

© Éditions Scholastic — 19 — Décembre – J'écris tous les jours

Décembre – *J'écris tous les jours*

La pire chose que j'ai faite, c'était _____

Décembre – J'écris tous les jours

J'aimerais beaucoup rencontrer _____

Décembre – J'écris tous les jours

Quand il y a de la neige

Mon histoire préférée, c'est _____

Décembre – J'écris tous les jours

Hier, j'ai _____

Ma famille a une tradition dans le temps des fêtes; c'est _____

Avant la nouvelle année, je veux _____

Mon enseignant(e) préféré(e), c'est _____

Si j'étais mes parents pour une journée ___

La plupart des gens aiment Noël parce que

J'ai appris que Hanoukka, c'est _____

Décembre – J'écris tous les jours

Un jour, alors que je jouais avec mes amis

Décembre – J'écris tous les jours

Le père Noël est _____

Si j'avais 14 frères et sœurs _____

Je ne pouvais pas m'arrêter de rire quand

Si je pouvais être quelqu'un d'autre, je serais

Kwanzaa, c'est _____

Mon souhait pour la nouvelle année, c'est

Décembre – J'écris tous les jours

Un cadeau que je désire vraiment, c'est ___

L'hiver est une saison merveilleuse parce que

Banque de mots – l'école

alphabet	drapeau	leçon
année	écriture	lecture
autobus	effacer	note
bulletin	enfant	pupitre
carte	enseignante	récompense
chemise	étude	reliure
classeur	fourniture	sciences
colle	français	surligneur
crayon	horloge	sujet
dîner	journal	tableau

Banque de mots – les fêtes

Événements spéciaux en décembre

Noël	Hanoukka	Kwanzaa
ange	clochette	hébreu
arbre	culture	joyeux
argent	danse	juif (juive)
bas	décoration	ménorah
biscuit	dreidel	ornement
bougie	elfe	pain d'épice
cadeau	famille	père Noël
canne de Noël	foi	présent
célébration	galette de pomme de terre	renne
chant		tambour
cheminée	gui	veille
	guirlande	

Décembre – J'écris tous les jours

Banque de mots – la saison

blanc	flocon	neige
blizzard	fort	patinage
bonhomme	gant	pelle
botte	gel	rondelle
bourrasque	glace	ski
cache-oreilles	glaçon	tempête
chandail	hiver	toboggan
cheminée	hockey	traîneau
décembre	janvier	tuque
écharpe	mitaine	vert

Ma banque de mots

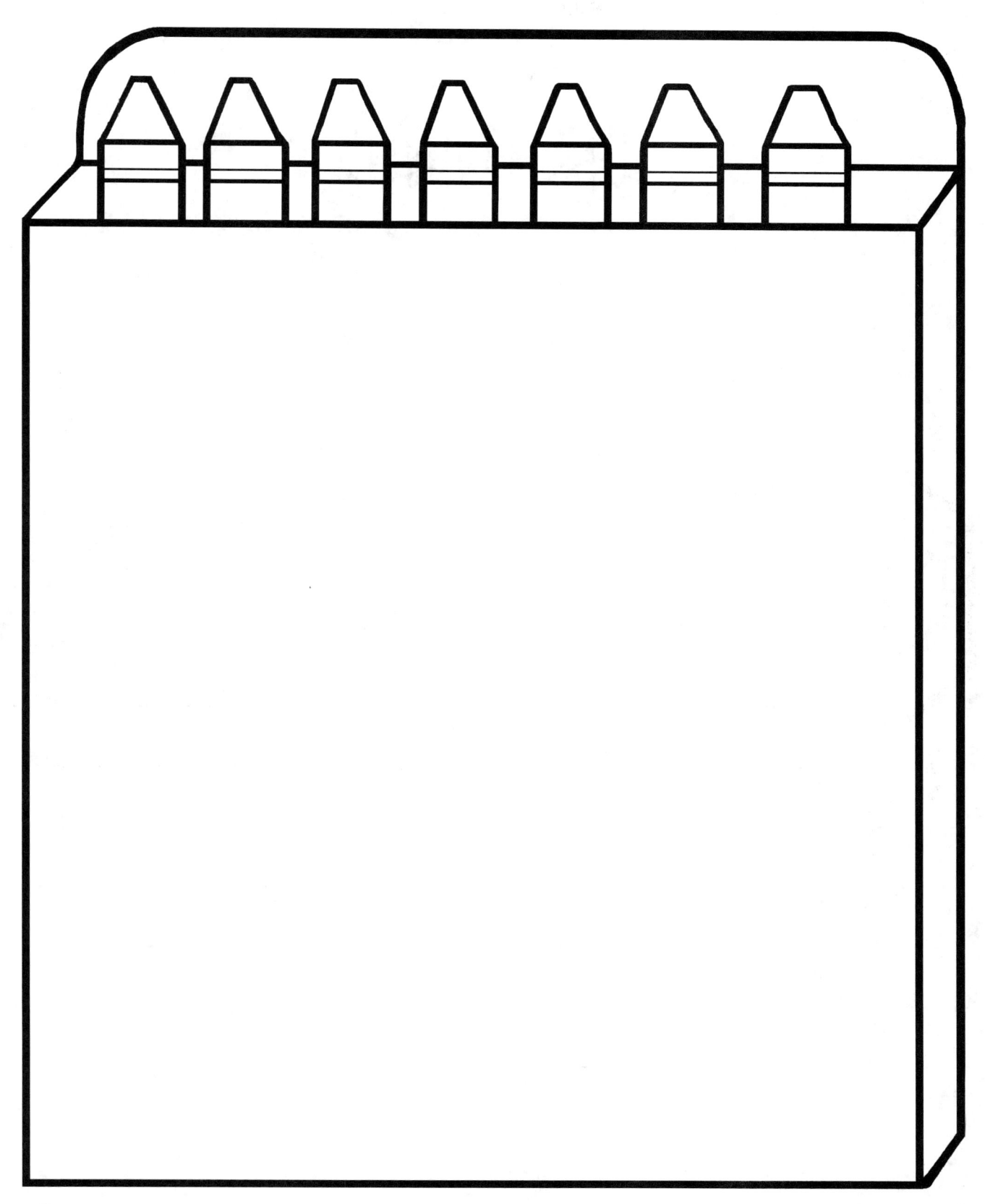

Anniversaires en décembre
(ma famille et mes amis)

1 _____	12 _____	23 _____
2 _____	13 _____	24 _____
3 _____	14 _____	25 _____
4 _____	15 _____	26 _____
5 _____	16 _____	27 _____
6 _____	17 _____	28 _____
7 _____	18 _____	29 _____
8 _____	19 _____	30 _____
9 _____	20 _____	31 _____
10 _____	21 _____	
11 _____	22 _____	

Activités à faire en décembre

Pelleter la neige qui s'est accumulée dans l'entrée
Fabriquer un bonhomme de neige
Faire des biscuits
Décorer le sapin de Noël
Patiner
Descendre une pente en toboggan
Remplir la mangeoire à oiseaux
Jouer au hockey

Quelle activité as-tu le plus aimé faire en décembre?
Raconte… _____
_____
_____
_____
_____
_____
_____

Événements marquants en décembre

1er — Le basketball a été inventé en 1891, par le Canadien James Naismith, à Springfield dans le Massachusetts. Il voulait trouver un sport qu'on pourrait pratiquer à l'intérieur durant les mois d'hiver.

En 1955, en Alabama, l'Afro-Américaine Rosa Parks a refusé de céder sa place à un Blanc dans un autobus, un geste qui a eu, par la suite, des répercussions importantes sur la lutte contre le racisme.

3 — En 1967, le Dr Christian Barnard, avec 20 autres médecins, a effectué la première transplantation cardiaque sur un humain, au Cap (Afrique du Sud).

7 — Le phonographe a été inventé par Thomas Edison. On en a fait la démonstration en 1877.

9 — Les premières cartes de Noël ont été créées en Angleterre, en 1842.

14 — Le pôle Sud a été découvert en 1911 par Roald Amundsen. Il était accompagné de quatre personnes et de 52 chiens de traîneau.

17 — Le vol réussi du premier avion à moteur a eu lieu en 1903, à Kitty Hawk, en Caroline du Nord. Les frères Wright, Wilbur et Orvillle, ont accompli avec succès leurs premiers vols dans une machine fonctionnant avec un moteur à essence.

21 — Le premier jeu de mots croisés a été créé en 1913 par Arthur Wynn.

26 — Des scientifiques français, Pierre et Marie Curie, ont découvert le radium en 1898. Plus tard, ils se verront décerner le prix Nobel de physique pour la découverte de la radioactivité.

27 — Louis Pasteur, qui a découvert le vaccin contre la rage, est né en 1822.

Décembre – J'écris tous les jours

Journal de décembre

par

_____

© Éditions Scholastic — 47 — Décembre – J'écris tous les jours

… *Décembre – J'écris tous les jours*

Idées de reliure

Les élèves seront ravis de voir leurs travaux écrits d'un mois réunis en un seul recueil, grâce à l'une des idées de reliure ci-après. Vous pouvez décider de relier leurs journaux au début du mois ou à la fin, une fois qu'ils en ont rempli toutes les pages. Lorsque les journaux des élèves sont prêts à être reliés, demandez à ceux-ci de colorier la page couverture (page 47). Il serait préférable de reproduire la couverture des journaux sur du papier cartonné afin de mieux protéger les pages. Utilisez le même papier cartonné pour la couverture du dos.

Reliure simple

1. Placez toutes les pages en ordre et agrafez-les ensemble, le long de la marge de gauche.

2. Coupez un morceau de ruban de reliure d'une longueur égale à celle du journal.

3. Appliquez le ruban sur le côté gauche du journal. Repliez-le le long de la marge gauche à l'avant et le long de la marge droite à l'arrière. Le journal est relié!

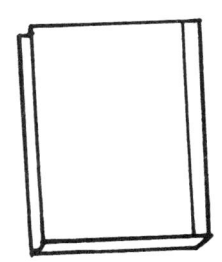

Reliure cousue

1. Placez toutes les pages en ordre et perforez-les le long de la marge de gauche.

2. Cousez les pages ensemble en passant de la laine ou un ruban dans les trous.